云冈 典藏

张 焯

主编

THE CLASSIC COLLECTION OF
YUNGANG GROTTOES

青岛出版集团 | 青岛出版社

目录

东方佛教的第一"圣地"

张 焯

《增一阿含经》云：佛为波斯匿王解梦，曰"梦澄水四边清、中央浊者，当来众生非法欲行，常怀贪嫉，与邪法相应，中国众生好喜斗乱，边国人民无有诤讼也……当来末世，法应如此"。按：《增一阿含经》公元 384 年译于前秦长安；"中国"者，释迦牟尼生活的中印度之谓；波斯匿王请佛解梦故事，或诞生于贵霜王朝。该故事虽系假托，却真实反映了当时印度婆罗门教（印度教前身）依然强势，而佛法转往周边地区的历史现状，并呈现了世界佛教发展的趋向。大致而言，从佛陀涅槃 500 年开始，印度佛教在异国他壤苗壮成长，不断掀起一个又一个高潮，创造出一次又一次辉煌。在遥远的东方，公元 5 世纪北魏首都平城（今山西大同）佛教的兴盛与云冈石窟的开凿，便是西来像法在中华大地上奏响的一曲华章。

一、佛教东传的波浪式轨迹

公元前 6 世纪至公元前 5 世纪，佛教主要传播于印度的恒河中游一带。公元前 3 世纪中叶，古印度摩揭陀国孔雀王朝国王阿育王在统一印度（除半岛南端外）的战争中，因杀戮过多，心生忏悔而皈依佛门。他巡礼佛迹，颁布敕令，广建塔寺，开凿石窟，传说其在华氏城（今印度比哈尔邦的巴特那）举行了第三次佛典结集。当时阿育王派遣出国传教的僧侣，足迹北达新头河（今印度河）上游，南至狮子国（今斯里兰卡）海岛。

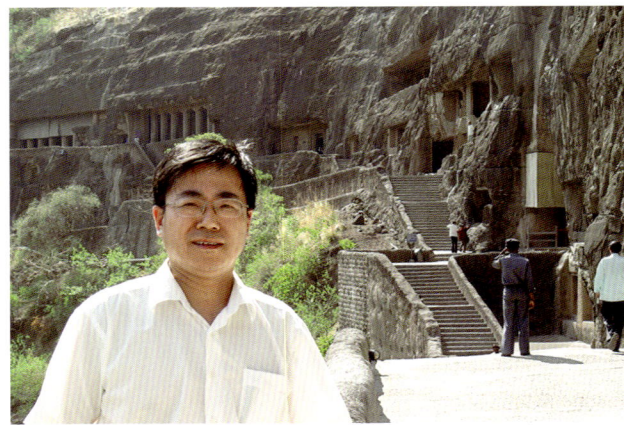

作者在阿旃陀石窟（2006年）

以帕米尔高原为中心的中亚山区，扼东西交通要冲，既是印度河、阿姆河、锡尔河、塔里木河等大河的发源地，又是古印度、古希腊、古罗马和中国等世界各大文明的交会之所。今天印度河上游的克什米尔、巴基斯坦、阿富汗的山间谷地，曾经沐浴古印度文明的曙光；马其顿国王亚历山大东征后，希腊文化又在这里生根发芽。阿育王所遣沙门宣讲的佛经故事，在感化北印度居民的同时，也激发了犍陀罗（相当今巴基斯坦北部及其毗连的阿富汗东部一带）、罽宾（即迦湿弥罗，克什米尔古译）等地信众对佛陀神话与形象的新思维。

公元 1 世纪上半叶，来自中国西北、君临大夏（本巴克特里亚地）二百年的大月氏民族进一步强盛，建立了贵霜王国。第三代国王迦腻色迦在位期间国力强盛，迁都布路沙布逻，疆域扩大至印度河与恒河流域。迦腻色迦是继阿育王之后极力推广佛教的又一位国王。据说，在他的支持下，佛教僧侣曾于迦湿弥罗城举行过第四次

图1 桑奇第一大塔

和浮雕。佛陀神态矜持，拥有令人喜爱的阿波罗型面容，或立或坐，始终穿着轻柔的内衣和僧袍。菩萨身上佩戴着各种珠宝饰物，脚穿雅典式的缀宝凉鞋，与佛陀区别开来。以希腊化为特征的犍陀罗佛教艺术走向鼎盛。受犍陀罗的影响，秣菟罗艺术创造出大量精美的红、黄砂岩佛教雕像。佛陀如沙门，身体壮硕；菩萨戴宝冠，略带微笑。到了4世纪后的印度笈多王朝，上述两种艺术进一步融合，突出表现为湿衣贴体和双目低垂的笈多式佛像艺术。

佛藏结集。大乘佛教以纯粹佛说参合犍陀罗、罽宾、乌苌国等地传说与魔术，并对希腊、罗马神像进行解释，超越了恒河沿岸的原始佛教。为了取信于人，佛教僧侣们在北印度创建出许多佛迹：中印度有四大塔，如桑奇第一大塔（图1）；北印度亦有四大塔；伽耶城有佛影，那竭城亦有佛影；那竭国界酰罗城有佛顶骨，弗楼沙国有佛钵（见《佛国记》《大唐西域记》）。同时，编造出如来降服恶龙、舍身饲虎、舍头施人、挑眼施人、割肉贸鸽、王射睒子等众多本生故事及发生地（见《佛国记》《宋云家记》）。迦腻色迦王振兴佛法的愿望与行动使犍陀罗变成了恒河流域之外的第二个佛教"圣地"。

在犍陀罗流行的大乘佛教，一改自阿育王以来用宝座、脚印、圣树、佛塔、石柱、莲花、法轮、大象、雄狮、鹿等形象暗喻佛祖的传统，首次允许将佛陀绘制、雕塑为人形，从而宣布了佛教像法时期的来临（图2至图5）。这时，大量的佛陀、弥勒、本生故事都用当地一种青灰色片岩雕刻，也用灰泥、石膏制作雕塑

新疆是佛教传入我国的第一站。印度僧侣越过葱岭，最初进入新疆，应在公元前。迦腻色迦时代，佛陀的教法在北印度迅速传播且东传趋势转强。从东汉明帝时洛阳白马寺僧摄摩腾、竺法兰翻译的《四十二章经》小乘教义，到安世高小乘禅学、支谶与竺佛朔大乘禅观的输入，公元1世纪至2世纪我国佛教秉承西学的史迹确凿；从朱士行西天取经，到鸠摩罗什、法显传记所展现的西域诸国，可见公元3世纪至4世纪佛教盛行于我国新疆，佛教传入新疆的时间应早于汉地。大约先是小乘佛教遍行南疆，然后才是大乘佛教的异军突起。当此之时，龟兹（今库车）、焉耆、鄯善（今若羌）、且末等国俱行小乘，于阗（今和田）、子合（今叶城）、沙勒（即疏勒，今喀什）等国多有大乘，兴建塔寺，营造石窟，顶藏佛钵（在沙勒），讲经说法，行像散华，呈现出一派佛土庄严。犍陀罗佛教艺术推动了新疆各地的文化繁荣，由于石材缺乏，泥塑、壁画、木雕构筑起当地佛教的艺术大厦。

相传佛教传入我国在东汉明帝时，酝酿于魏晋，勃兴于十六国，鼎盛于南北朝，成熟于隋唐，复兴于宋辽金元，

图2 犍陀罗佛像头部雕塑

栗田功.犍陀罗美术Ⅱ[M].东京：株式会社二玄社,1990.

图3 犍陀罗菩萨立像雕塑

栗田功.犍陀罗美术Ⅰ[M].东京：株式会社二玄社,1988.

图4 犍陀罗坐佛像雕塑

栗田功.犍陀罗美术Ⅰ[M].东京：株式会社二玄社,1988.

衰落于明清。其间，十六国、南北朝是关键时期。像教西来的途径有二：西南海路与西北陆路，然陆路又以丝绸之路为主线。如果说大月氏、贵霜的僧人东游弘法，走的是一条回乡之路的话，那么 4 世纪以后佛教在我国大地上开花结果，实得益于民族大迁徙的历史机缘。

东汉时期，佛教虽传中土，但朝廷以其奉祀西戎之神，唯听西域人立寺都邑，汉人皆不得出家。魏晋以后，法禁渐弛。西晋末年，天下大乱，匈奴、鲜卑、羯、氐、羌等少数民族纷纷建立政权，逐鹿中原。佛教被很多统治者立为国教，以"助王政之禁律，益仁智之善性"（《魏书·释老志》，下引该志不再注明）。首先提倡佛教的是后赵羯族皇帝石勒、石虎。他们敬奉西域高僧佛图澄为大和尚，广建伽蓝，说法授徒，参咨国政。石虎公然宣称："朕生自边壤……君临诸夏……佛是戎神，正所应奉……其夷赵百蛮，有舍其淫祀，乐事佛者，悉听为道。""于是中州胡晋略皆奉佛。"（《高僧传·竺佛图澄》）中原佛教迎来了第一次短暂的高潮，佛陀救世思想深入人心。随后的前秦氐族皇帝苻坚、后秦羌族皇帝姚兴相继崇法，释道安、鸠摩罗什、佛陀跋陀罗等高僧辈出，译经讲论、立戒修禅，一时间长安成为中夏佛教的中心。约与此同时，西秦乞伏氏政权与北凉沮渠氏政权亦将陇右、河西佛法推向高峰。

北魏王朝的建立者鲜卑拓跋部来自大兴安岭深处，于东汉后期游牧塞北，魏晋之时部落始壮大。398 年，道武帝拓跋珪建都平城，建立北魏；439 年，太武帝拓跋焘统一北方；448 年，征服西域；493 年，孝文帝拓跋宏迁都洛阳；534 年，北魏分裂为东魏、西魏，后分别被北齐、北周取代。北齐魏收撰《魏书》，独创《释老志》以述北魏佛教："自魏有天下，至于

禅让，佛经流通，大集中国，凡有四百一十五部，合一千九百一十九卷。正光已后，天下多虞，王役尤甚，于是所在编民，相与入道，假慕沙门，实避调役，猥滥之极，自中国之有佛法，未之有也。略而计之，僧尼大众二百万矣，其寺三万有余。流弊不归，一至于此，识者所以叹息也。"

二、云冈石窟开凿的历史因缘

云冈石窟位于大同城西 16 公里的武州山南麓、武州川（今十里河）北岸，北魏旧称武州山石窟寺或代京灵岩寺。石窟倚山开凿，东西绵延约 1 公里。现存大小窟龛 254 个、主要洞窟 45 座、造像 59000 余尊（图 6）。石窟规模宏大，造像内容丰富，雕刻艺术精湛，堪称我国佛教艺术的巅峰之作，代表了公元 5 世纪世界雕刻艺术的最高水平。

关于云冈石窟的开凿，《释老志》记述如下："和平初，师贤卒。昙曜代之，更名沙门统。初，昙曜以复佛法之明年，自中山被命赴京，值帝出，见于路，御马前衔曜衣，时以为马识善人。帝后奉以师礼。昙曜白帝，于京城西武州塞，凿山石壁，开窟五所，镌建佛像各一。高者七十尺，次六十尺，雕饰奇伟，冠于一世。"文中提及的武州塞，位于云冈石窟西崖之北，赵武灵王以来一直是由蒙古高原进入汉地的交通要塞。武州山的砂岩是西来佛徒熟悉的雕刻石料。昙曜建议开凿的 5 所佛窟，即今云冈第 16—20 窟，学者谓之"昙曜五窟"。周一良《云冈石佛小记》曰："惟昙曜在兴安二年见帝后即开窟，抑为沙门统之后始建斯议？不可晓。要之，石窟之始开也，

图6 云冈石窟全景
永野清一，长广敏雄．云冈石窟：第1卷[M]．京都：京都大学人文科学研究所，1952．

在兴安二年（453）至和平元年（460）之八年间。"

昙曜五窟的开凿，掀起了武州山石窟寺的营造热潮。从文成帝开始，经献文帝、冯太后，到孝文帝迁都，皇家经营约40年，完成了所有大窟大像的开凿。同时，云冈附近的鹿野苑石窟、青磁窑石窟、鲁班窑石窟、吴官屯石窟、焦山寺石窟等也相继完成。其间，王公大臣、各地官吏、善男信女纷纷以个人、家族、邑社等形式参与石窟建造，或建一窟，或造一壁，或捐一龛，或施一躯，遂成就武州山石窟寺的蔚然大观。迁都之后，武州山石窟建设仍延续了30年，直到正光四年（523）六镇起义的战鼓响起。

云冈石窟的诞生并非偶然，它是诸多历史必然性的归结。

第一，礼帝为佛的新思维，是引领北魏佛教走向兴盛的法宝。道武帝建都平城，"始作五级佛图、耆阇崛山及须弥山殿，加以缋饰。别构讲堂、禅堂及沙门座，莫不严具焉"。约此时，他任命赵郡（今河北赵县）高僧法果为道人统，绾摄僧徒。"法果每言，太祖明睿好道，即是当今如来，沙门宜应尽礼，遂常致拜。谓人曰：'能鸿道者人主也，我非拜天子，乃是礼佛耳。'"在此之前，西域僧人入华，奉敬其佛，无须礼拜皇帝，而东晋十六国以后，出家汉人成为主流，原本是天子的臣民，现在变为释迦的门徒。因此，沙门拜不拜皇帝，即是否承认和接受国家管理。对此，隐居庐山的慧远大师著有《沙门不敬王者论》，代表了南方释子的立场；法果的言行则表明了北方僧人的态度。同为佛图澄的再传弟子，他

们选择的方式截然相反，南北方佛教所走的路也明显不同。法果所言，虽涉阿谀，又似诡辩，汲取的却是佛图澄依国弘法、以术干政的成功经验，遵循的竟是释道安"不依国主，则法事难立"名训。盖佛教离不开人主，人主也需要神化。法果将帝佛合一，提出皇帝就是当今如来（活佛）的新理论，巧妙地将释迦信徒转回到天子门下，迎合了最高统治者的心理需求，使宗教行为上升为国家意志，从而奠定了北朝佛教鼎盛的基础。后来的北魏僧统师贤为文成帝立像"令如帝身"，昙曜在武州山为五位皇祖开窟造像，实属法果理论的再创造和付诸实施。武州山石窟寺因此列入皇家工程，成为几代皇帝建造家庙的自觉行动。

第二，平城这一佛教中心的形成，使大规模像教建设成为可能。从道武帝建国到太武帝结束北方群雄割据的局面，北魏推行的徙民政策，使平城迅速跃升为当时政治、军事、经济和文化中心。在各国各地贵族官僚、儒道沙门、能工巧匠、租赋商贩、金银财富汇聚平城的同时，此地佛教信仰也日益升温。特别是北魏太延五年（439）灭北凉后，《释老志》称："凉州自张轨后，世信佛教。敦煌地接西域，道俗交得其旧式，村坞相属，多有塔寺。太延中，凉州平，徙其国人于京邑，沙门佛事皆俱东，象教弥增矣。"凉州（治姑臧，今甘肃武威）所辖河西走廊自古是中西文化交融之地，也是西域僧人进入中土的第一站。4世纪初，张轨任凉州刺史，河西奉佛已成民风。417年，东晋大将刘裕攻灭姚氏后秦，长安僧众四散奔逃，河西佛教遂成一枝独秀。太武帝徙凉

州僧徒3000人及吏民3万户于京城，如同河西佛教整体"搬迁"，平城随即成为佛教的新中心。曾经目睹天竺、西域佛事，参与敦煌莫高窟、武威天梯山、永靖炳灵寺、天水麦积山等河陇石窟开凿、禅修的凉州匠僧，成为未来平城佛寺与石窟寺建设的主力。

第三，太武帝灭佛，从反方向刺激了北魏佛教的迅猛发展。凉州僧团的东迁，在促成平城佛教骤盛的同时，也引发了中国历史上第一次佛道之争。受嵩山道士寇谦之、司徒崔浩的影响，太武帝于太平真君七年（446）诏令灭法。一时间，北魏民间"金银宝像及诸经论，大得秘藏。而土木宫塔，声教所及，莫不毕毁矣"。然而，毁之愈烈，求之弥切。兴安元年（452），文成帝拓跋濬即位甫尔，在群臣的请求下，宣令复法。"方诏遣立像，其徒惟恐再毁，谓木有时朽，土有时崩，金有时烁，至覆石以室，可永无渤。又虑像小可凿而去，径尺不已，至数尺，数尺不已，必穷其力至数十尺。累数百千，而佛乃久存不坏，使见者因像生感。"（朱彝尊《云冈石佛记》）于是乎，昙曜五佛应运而出。

第四，追仿释迦鹿苑旧事，再造东方佛教"圣地"。鹿苑，即鹿野苑，是释迦牟尼"初转法轮"的说法成道处，在今印度贝拿勒斯城郊。北魏鹿苑，在平城皇宫之北，道武帝天兴二年（399）起筑苑墙，"东包白登，属之西山"。（《魏书·高车传》）苑之西山，道武帝拓跋珪时，封山禁樵；明元帝拓跋嗣时，奉武州山为神山，筑坛祭祀；太武帝平定凉州以后，此处逐渐成为西来沙门采石雕佛、开窟修禅之所。于是平城鹿苑与印度鹿苑，在凉州僧众的心目中自然

成双，产生共鸣。特别是昙曜五佛的横空出世，极大地鼓舞了年轻的献文帝拓跋弘，坚定了他追仿西天胜迹，建立东方鹿野苑的信心。高允的《鹿苑赋》云："暨我皇之继统，诞天纵之明睿；追鹿野之在昔，兴三转之高义；振幽宗于已永，旷千载而有寄。于是命匠选工，刊兹西岭；注诚端思，仰模神影；庶真容之仿佛，耀金晖之焕炳。即灵崖以构宇，疏百寻而直上；纽飞梁于浮柱，列荷华于绮井。图之以万形，缀之以清永；若祇洹之瞪对，孰道场之途逈。嗟神功之所建，超终古而秀出。"武州山石窟寺营造全面展开。

第五，西风东渐，共铸辉煌。北魏对西域的征服，直接迎来了我国历史上第二次东西文化交流的高潮，丝绸之路东端的平城迅速成为胡商梵僧云集之地。印度石窟造像之风经由新疆，波及河西、关陇，至平城而特盛，进而流布国内。武州山石窟的创作主体，首先是带来了西域风格造像艺术（图7—图8）的凉州僧匠；其次是带着佛经、佛像和画本，随商队、使团而至的古印度、狮子国、西域诸国的胡沙门；再次是建议征集全国各地的宝像于京师的昙曜；最后是北上主持云冈佛事的徐州僧匠。一代代、一批批高僧大德、艺匠精工共同设计、共同制作，创造出云冈石窟这座旷世无双的艺术殿堂。

作为新疆以东最早出现的大型石窟群，壮丽辉煌的武州山石窟寺在震惊当世的同时，也成为北朝石窟佛寺建设的样板。由云冈向东的辽宁义县万佛堂石窟，向南的河南洛阳龙门石窟、巩县石窟和山西太原天龙山石窟、河北邯郸响堂山石窟等，向西的甘肃泾川南石窟寺、庆阳北石窟寺、天水麦积山石窟寺、永靖炳灵寺、敦煌莫

图7　新疆泥塑菩萨头像

穆舜英，等．中国新疆古代艺术[M]. 乌鲁木齐：新疆美术摄影出版社，1994.

图8　新疆泥塑飞天

新疆文物局，等．新疆文物古迹大观[M]. 乌鲁木齐：新疆美术摄影出版社，1999.

高窟等，无不受其影响。从北魏昙曜开窟至初唐道宣遥礼，近200年间，无论政治风云如何变幻，代京灵岩始终是中华僧徒心中的“圣地”。云冈石窟的开凿对我国石窟寺的推广、雕刻艺术的发展产生了深远的影响。

三、东方佛教艺术的旷世绝唱

关于云冈石窟的艺术源流，100多年来中外学者论述颇丰，有埃及影响说、希腊影响说、拓跋氏影响说，还有犍陀罗艺术、秣菟罗艺术、笈多艺术、西域艺术输入说等。其中，以犍陀罗艺术、秣菟罗成分、西域风格等观点最为流行。北魏文成帝“太安初，有师子国胡沙门邪奢遗多、浮陀难提等五人，奉佛像三到京都。皆云，备历西域诸国，见佛影迹及肉髻，外国诸王相承，咸遣工匠，摹写其容，莫能及难提所造者，去十余步，视之炳然，转近转微。又沙勒胡沙门，赴京师致佛钵并画像迹”。上述记载表明：平城、云冈佛像与印度、我国新疆艺术有着一定的传承关系。然而，考察犍陀罗、秣菟罗佛教造像，我们总会产生一种似是而非的困惑，因为实在找不到多少与云冈石窟完全相同的东西，而那些造型、气韵等方面的差异显然表明彼此之间文化、艺术关系的断裂，或存有缺环。新疆早期佛教遗存则令我们倍感熟悉和亲切。这种亲近的感受，来自库车克孜尔石窟，也来自新疆遗存的中心方塔式佛殿，更来自塔里木盆地南北那种拓制便利、样式纷繁、充满异国情调的黄泥塑像。

从佛法东传的时代背景分析，凉州僧匠最初带到平城的只能是凉州模式或西域样式，而凉州模式实际上就是西域南北两道佛教的混合艺术。新疆式的犍陀罗艺术甚至秣菟罗艺术，尤其是大乘佛教盛行的于阗、子合等地像法，移花接木般地出现在云冈石窟，应当是历史的必然。从云冈石窟的工程本身分析，凉州僧匠是规划设计的主体，其所依凭的佛像、画本及造像法则直接或间接模仿西域，设计蓝图是经过北魏皇帝、有司会审批准的，鲜卑与汉民族的审美愿望自然渗透其中。开凿洞窟的工匠包括部分凉州僧人，但主体是来自中原各地的汉人，因而大量运用的是中国传统的雕刻技艺和表达方式。西式设计与中式技艺是云冈造像的最大特点。当然，越往后来，中华传统的分量越重，自主创新的意识越强（图9—图11）。

云冈石窟不同于葱岭以东石窟寺泥塑、壁画、木雕为主的艺术模式，是东方首次营造出的气势磅礴的全石雕性质的佛教石窟群。同时，它广泛吸收中外造像艺术精华，兼容并蓄，融会贯通，成为中国早期佛教艺术的集大成者。云冈石窟的开凿大致分为3期，即3个阶段。早期为文成帝时昙曜五窟的开凿，中期为献文帝、冯太后、孝文帝时皇家营造的大窟大像，晚期为迁洛后民间补刻的窟龛。云冈造像分为两类，前则西域风格，后则华夏新式，集中展现了西来像法逐步中国化、世俗化的演进过程，堪称佛教艺术发展的里程碑。

昙曜五佛是云冈石窟的典型代表，也是西域造像艺术东传的顶级作品。大佛的袈裟，或披或袒，衣纹厚重，似属毛纺织品，这无疑是中亚山间牧区国家的服装特征。大佛具高肉髻，方额丰颐，高鼻深目，眉眼细长，嘴角上翘，

图9 北魏泥塑头像（云冈山顶寺院遗址出土）

大耳垂肩，身躯挺拔、健硕，神情庄严而又和蔼可亲，气度恢宏。诚如唐代道宣大师所云："造像梵相，宋、齐间，皆唇厚、鼻隆、目长、颐丰，挺然丈夫之相。"（宋《释氏要览》卷二）特别是第20窟的露天大佛（图12），法相庄严，气宇轩昂，充满活力，给人以心灵的震撼。而第18窟主尊大佛东侧的十位弟子，相貌、神态各异，具有显著的西域特征。

献文帝继位（466）后，对武州山石窟工程进行了重新部署，建设规模扩大化、洞窟形制多样化、图像内容多元化的步伐加快。迄孝文帝太和十七年（493）迁都洛阳，云冈石窟的建设达到鼎盛。这一时期开凿完成的洞窟，有第1、2窟，第5、6窟，第7、8窟，第9、10窟4组双窟和第11、12、13窟1组3窟（第9窟至13窟被称为"五华洞"，图13），还有未完工的第3窟。在洞窟形制上，不仅有穹隆形，还出现了方形中心塔柱窟及前后殿堂式洞窟。在佛龛造型上，不仅有圆拱龛、盝形龛、宝盖龛，还增加了屋形龛、帷幕龛和复合形龛等。平面方形洞窟的大量出现，较早期穹隆型洞窟而言，雕刻面积大幅度增加，雕刻内容与形式也变得复杂起来。洞窟的顶部多采用平棊藻井式雕刻，壁面的雕刻采取了上下重层、左右分段的方式。这一时期的造像题材虽仍以释迦、弥勒为主，但雕刻内容不断增加，依凭的佛经明显增多。普遍流行的是释迦说法或禅定龛像、释迦与多宝并坐龛式、七佛造型、维摩与文殊问答图像、着菩萨装或佛装的交脚菩萨龛式等。护法天神像开始雕刻在门拱两侧，佛本生、佛本行故事龛和连环画出现在壁面最直观的位置，作为出资者的供养人形象以左右对称排列的形式出现在

图10 北魏太平真君五年（444）朱业微石佛雕塑
（河北蔚县博物馆藏）

图11 北魏泥塑菩萨头像（大同出土）

图12　露天大佛
水野清一，长广敏雄.云冈石窟：第13卷·第14卷[M].京都：
京都大学人文科学研究所,1955.

壁龛的下方，佛塔、廊柱、庑殿等建筑造型跃然而出，飞天、比丘、力士、金刚神、伎乐天、供养天千姿百态，各种动物、花纹图案争奇斗妍。至此，云冈艺术宝库的真容毕具。

第7、8窟是云冈最早的双窟，窟顶为用莲花与飞天装饰的平棊藻井，赋予中国传统建筑样式以仙境般的浪漫。第7窟门拱两侧的三头四臂神像头戴尖顶帽，极具中、西亚特征。第8窟门拱两侧的造像分别为三头八臂、骑牛的摩醯首罗天，五头六臂、乘鸟的鸠摩罗天，其形象来源于古印度神话中的天神湿婆和毗湿奴。将婆罗门教大神转化为佛教护法神，是印度密教思想的反映，完全属于西来像法，为中西石窟寺的绝版遗存。第9、10窟是中国传统的殿堂式建筑，但其窟外前庭由雄狮、大象驮起的廊柱和建筑造型构成，混合兼备古印度、古希腊、古罗马建筑艺术风格；后室门廊两侧头顶羽冠的金刚天王威武勇猛，是云冈双窟护法像中的典型。第5、6窟规模宏大，前者为大像窟，主尊高约17.4米，为云冈佛像之最；后者为塔庙窟，设计完整，雕刻纷繁，尤以描述释迦牟尼生平故事的系列浮雕连环画著称于世。第12窟亦为廊柱式殿堂窟，俗称"音乐窟"，其前室北壁上方的伎乐天手持各种东西方乐器，宛若一支"交响乐团"，是研究我国古代音乐史的珍贵素材。这些富丽堂皇的洞窟建筑、绚丽多彩的石刻艺术，是中华民族奉献给全人类的不朽杰作。

云冈石窟的中期建设受到了北魏社会弥勒信仰和西方净土思想的影响，正处于一个继往开来的蓬勃发展阶段。一方面是西来之风不断，胡风胡韵依然浓郁，占据着主导地位；另一方面是我国传统艺术样式，如汉式建筑、服饰等逐渐显露。我们能够感觉到：佛、菩萨等造像的雕凿，主要模仿的是新疆泥塑。那些形象多样的悬挂式低温黄陶影塑当时已在平城附近大批量生产，并用来装潢佛塔、寺院，同时为云冈雕刻提供了大量鲜活的样本。与早期造像相比，中期造像形体健硕、美丽依旧，但似乎逐渐丧失了内在的刚毅与个性，雕刻如同拓制泥塑一样程式化了。大像、主像和重要造像的雕琢是精细的，普通的造像略显草率，工匠洗练的雕刻技艺仿佛于漫不经心间表现出来，却给人以自由、活泼、奔放的感觉。部分佛像开始变得面相清秀，佛衣除袒右肩式、通肩式袈裟之外，出现了"褒衣博带"样式。菩萨的衣饰也发生了变化，除头戴的宝冠外，又流行起花蔓冠；身佩璎珞，斜披络腋，转变为身披帔帛；裙衣贴腿，转变为裙裾张扬。这些佛装、菩萨装向着汉族衣冠服饰转化的倾向，显然是太和十年（486）后孝文帝实行服制改革、推行汉化政策的反映。这也填补了我国南北朝佛教艺术从"胡貌梵相"到"改梵为夏"的演变过程中实证的空白。

在云冈石窟的营造过程中，深受西域佛教、像法影响的凉州僧团的领导地位，大约从太和五年（481）便开始动摇了。随后，徐州义学高僧接受了孝文帝的邀请，率徒北上，"唱谛鹿苑，作匠京缁"（《广弘明集·元魏孝文帝为慧纪法师亡施帛设斋诏》），代京平城的佛学风气为之一变。至太和十三年（489），褒衣博带、秀骨清像登上了云冈第11窟外壁的佛龛，并从此成为时尚。如果说云冈第6窟中最早出现的褒衣博带式佛像尚未脱

图13 五华洞外景

水野清一，长广敏雄．云冈石窟：第6卷[M]．京都：京都大学人文科学研究所，1951．

离"胡貌梵相"的话，那么第11、12、13窟外壁众多龛洞的造像则是完全"改梵为夏"了。

孝文帝迁都洛阳后，以平城为北京，云冈的皇家工程基本结束，但民间盛行的开窟造像之风犹烈。尽管大窟减少，但中小窟龛却自东迄西遍布崖面。这些数量众多的晚期洞窟，类型复杂，式样多变，洞窟内部却日益方整。塔窟、四壁三龛及重龛式的洞窟，是这一时期流行的窟式。造像内容题材趋于模式化、简单化。佛像一律褒衣博带、面容消瘦、细颈削肩，神情显得缥缈虚无；菩萨身材修长、帔帛交叉，表情孤傲。这些造像给人以清秀俊逸、超凡脱俗的感觉。造像衣服下部的褶纹越来越重叠，龛楣、帐饰日益繁杂，窟外崖面的雕饰也越来越紧缛。云冈晚期造像与龙门石窟的北魏造像在风格与特征上如出一辙，标志着我国对西来像法的引进与吸收过程的初步终结。

四、平城时代对中国佛教的重大贡献

北魏定都平城时期，是中国佛教成长壮大、方兴未艾的关键时期。除了云冈石窟对于后世石窟建设、美术发展的影响之外，此间引进、形成、确立、巩固的佛学思想及僧官体制、僧尼制度、寺院经济模式，对后世佛教的发展影响深远。

（一）佛教为统治者服务思想的确立

汤用彤《汉魏两晋南北朝佛教史》讲："盖释迦在世，波斯匿王信奉三宝，经卷传为美谈。其后孔雀朝之阿输迦，贵霜朝之迦腻色迦，光大教化，释子推为盛事。"可见，佛教与政治联姻由来已久。《付法藏因缘传》记迦那提婆在南天竺传教时讲："树不伐本，枝条难倾；人主不化，道岂流布？"这种依靠国王弘扬佛法的思想，远早于释道安"不依国主，则法事难立"的感悟，应属佛教传统。然而，佛教传入我国，汉魏以来有明确的法令限制，汉人不得为僧，朝廷不礼"胡神"。因此，那些随商旅而至的胡沙门，只能以江湖医巫、打卦算命、祭神祈雨等方式，在民间缓慢传播；佛教只能隐没其"助国兴善"的大智略，依托黄老、玄学而后行。这样形同方术、潜移默化的过程，持续了3个多世纪，直到后赵石氏率先奉佛。佛图澄是促成佛教与中原政权结合的第一人。《高僧传》云："受业追游，常有数百，前后门徒，几且一万。所历州郡，兴立佛寺八百九十三所。弘法之盛，莫与先矣。"后赵虽系短命王朝，中土佛教信仰却从此蔚然成风。北魏法果在佛图澄死后30余年入道，其师承何人不详，但传习的不外乎佛图澄的教法。法果礼帝为佛的弘法思想，祖承佛图澄经验，契合释道安名训，明确了佛教为最高统治者服务的方针。所以，后来文成帝在复法诏书中，对如来功德予以充分肯定："助王政之禁律，益仁智之善性，排斥群邪，开演正觉。"佛教因此成为封建统治阶级奉行的统治术之一。这种帝佛合一的思想亦为后世佞佛帝王所因袭，武则天自谓弥勒下生并广树大像，明武宗自称大庆法王、西天觉道圆明自在大定慧佛，可谓一脉相承。

（二）僧官制度的形成与《僧制》的颁行

北魏道武帝任命法果"为道人统，绾摄僧徒"，是正史记载佛教设官之始。文成帝和平初年（460），改道人统为沙门统。大约当时由于京城僧侣既多，又设都维那，作为沙门都统之副贰。另外，在朝廷设立监福曹，管理全国佛教事务；在州镇、畿郡亦设僧统、维那，管辖属地僧尼。其寺院仿效西域故事，设立维那、上座、寺主，称为"三纲"。孝文帝时，受太和五年法秀谋反的影响，一方面加强僧籍管理，限制僧人游方，禁止私度僧尼；另一方面改监福曹为昭玄，备有官属，以断僧务。特别是太和十七年"诏立《僧制》四十七条"，从法律上宣告了中国僧尼制度的诞生。这是迄今我们知晓的第一部国家颁行的僧尼法典，既不同于古印度阿育王石柱敕令，又不同于释迦牟尼以来天竺僧团自行规定的戒律（传至我国有五部律）。一则表明僧尼作为一个特殊的社会群体，正式获得了国家的承认；二则表明这种承认是有条件的，必须服从国家法律。"世宗即位，永平元年秋，诏曰：缁素既殊，法律亦异……自今已后，众僧犯杀人已上罪者，仍依俗断，余犯悉付昭玄，以内律、《僧制》治之。"可见，北魏僧尼外遵国典，内奉戒律、僧制，享有一定的独立权利。北魏平城时代确立的僧官、僧制模式，尽管今天我们尚未完全明晰，但其或为隋唐僧官制度的渊源。

（三）寺院经济的诞生与独立发展

印度佛教僧侣最初主要通过沿街乞食与信徒施舍来维持生活。大约后来随佛教影响力的增强，寺院逐渐拥有了自己的依附人口和固定的经济收入。北魏太武帝平凉州，僧众被俘，迁徙于京师，迨文成复法，京邑、地方纷纷造寺度僧，特别是武州山等石窟寺的开凿，需要大批僧侣、工匠。如何解决僧人用粮、寺院用工的问题，沙门统昙曜必须从长计议。于是"昙曜奏：平齐户及诸民，有能岁输谷六十斛入僧曹者，即为'僧祇户'，粟为'僧祇粟'，至于俭岁，赈给饥民。又请民犯重罪及官奴以为'佛图户'，以供诸寺扫洒，岁兼营田输粟。高宗并许之。于是僧祇户、粟及寺户，遍于州镇矣"。按：僧祇，即僧尼大众；僧祇户，乃依附于僧众的人户；僧祇粟，即供养僧众的粟米。佛图户，即寺户，是专为佛寺僧众提供杂役的奴婢，如同西域佛寺中的净人。佛图户与僧祇户、粟的出现，保障了北魏沙门佛事之需，是中国寺院经济形成与独立的标志。至唐代，寺院、道观依然有两种贱民，一曰"部曲"，二曰"奴婢"，与北魏异名同实。这种新兴的寺院经济，凭仗着政治、经济上的治外法权，从此成为中国地主庄园经济的一种特殊形式，伴随封建社会始终。

（四）僧团政治核心的形成与传承

魏晋以降，特别是南北朝时期，中国佛教渐趋成熟，无论是经、律、论三藏之学，还是僧尼的政治、经济地位，都处于上升阶段。北方重禅业，南方尚讲经，弘法的方式昌有差异，但分别教派、扩张力量、追逐名利的情形却是相同的。北魏太和中，坐禅的凉州僧与讲经的徐州僧在平城相遇，可以说是南北佛教势力首次大规模的交锋。尽管我们现在对其详情不甚明了，但可以想见，徐州高僧的后来者居上，对凉州旧僧形成压力并引起其失落之感。学术之异，政治之争，导致双方的严重对立，矛盾与冲突在所难免。这场斗争从平城开始，以凉州系与徐州系划分；迁都洛阳之后，以禅僧与讲僧区别，一直延续至隋唐。《洛阳伽蓝记》卷二载有一则故事：孝昌元年（525），崇真寺比丘惠凝死而复活，讲述他在阎罗王处，看到阎王判禅诵僧升天堂，讲经僧入黑门地狱。灵太后闻知后，"即请坐禅僧一百人，常在殿内供养之……自此以后，京邑比丘悉皆禅诵，不复以讲经为意"。按：惠凝之说盖系坐禅派僧徒编造，以攻击在政治上占有优势的讲经派僧徒。这无疑是孝文帝时代凉州僧团与徐州僧团斗争的继续。大体而言，从北魏到隋唐，虽政权屡经更迭，但统治主体始终为代北子孙和中原世族；佛教僧团虽互有消长，但上流师德依然应是凉州、徐州系统法脉。

（五）武州山石窟寺译经与《付法藏因缘传》

十六国、南北朝是佛经入华的第一高峰，长安、凉州、建康、平城、洛阳等都城三宝兴隆，译经先后不断。《释老志》曰："昙曜又与天竺沙门常那邪舍等，译出新经十四部。"据隋费长房《历代三宝记》等书记载，自文成帝和平三年（462）至孝文帝太和十年（486），沙门统昙曜于北台石窟寺集诸僧众翻译经论，有《净度三昧经》《付法藏因缘传》《提谓波利经》《杂宝藏经》《大方广菩萨十地经》《方便心经》《大吉义咒经》《佛说称扬诸佛功德经》等。其中，以昙曜与西域三藏吉迦夜共译的《付法藏因缘传》影响最大。该传全面讲述了印度佛教的弘法历程，首次开列出释迦、迦叶、阿难、商那和修、忧波毱多、提多迦、弥遮迦、佛陀难提、佛陀蜜多、胁比丘、富那奢、马鸣、比罗、龙树、迦那提婆、罗睺罗、僧伽难提、僧伽耶舍、鸠摩罗驮、阇夜多、婆修槃陀、摩奴罗、鹤勒那、夜奢、师子等印度佛祖传法世系。日本学者关野贞、常盘大定在《山西云冈》（赵一德译）中讲："昙曜的付法藏精神，由隋代的灵裕完整地继承下来，灵裕开的宝山石窟，在其内壁刻有世尊寂灭后传法圣师二十四祖像，就是按《付法藏传》二十四祖刻的，灵裕以后尚有许多继承者。"我们认为：昙曜《付法藏因缘传》的翻译，开启了中国佛教祖师传灯思想的先河，唐代以后各佛学宗派盛行的立祖传宗方法应渊源于兹。

律藏方面的贡献显而易见。

综上所述，北魏平城时代我国佛教中心的形成与确立，在中国佛教史上具有非常重要的里程碑意义，其继往开来的历史地位与作用不可低估。平城佛教与艺术对高句丽、日本的影响也逐渐为世人所知。

（六）《华严经》开始盛行

云冈石窟的开凿是中国佛教思想体系渐臻完备的反映。关野贞、常盘大定讲："昙曜请求文成帝开凿石窟五所，又是为太祖以下五帝而设，毋庸置疑。这样，五窟就含有五帝的灵庙的意义……既有昙曜的付法藏精神，也有魏王室忏悔及追孝的动机，这样的因缘凑合，产生了千古的佛教艺术。而造像的指导思想，至少与佛传及《法华》《维摩》《金光明》《无量寿》《弥勒》等大乘经卷有关，华严的思想也是有的。"关于《华严经》在平城的传播情况，《续高僧传》卷二十九记载："太和初年，代京阉官自慨刑余，不逮人族，奏乞入山修道，有敕许之。乃赍一部《华严》，昼夜读诵，礼悔不息。夏首归山，至六月末髭须尽生，复丈夫相，还状奏闻。高祖信敬由来，忽见惊讶，更增常日。于是大代之国《华严》一经，因斯转盛。并见侯君素《旌异记》。"按：《华严》，沙门支法领从于阗携归胡本，420 年天竺禅师佛陀跋陀罗于建康道场寺译出。平城佛教中心形成后，各地僧侣无远弗届，《华严》的研读、传讲遂为学术攻关项目，成为热门学问，从此奠定了唐代以降华严宗与华严学兴盛的基础。

（七）《四分律》的开讲

南北朝时期，中华僧侣奉行的是《僧祇律》。唐道宣《续高僧传》论曰："昙无德部《四分》一律，虽翻在姚秦，而创敷元魏。是由赤髭论主初乃诵传，未展谈授，寻还异域。此方学侣，竞绝维持。逮及覆、聪，方开学肆……今则混一唐统，普行《四分》之宗……自初开律，释师号法聪，元魏孝文北台杨绪，口以传授，时所荣之。沙门道覆，即绍聪绪，赞疏六卷，但是长科。至于义举，未闻于世。斯时释侣，道味犹淳，言行相承，随闻奉用，专务栖隐，不暇旁求。魏末齐初，慧光宅世，宗匠跋陀，师表弘理，再造文疏，广分衢术。学声学望，连布若云峰，行光德光，荣曜齐日月。每一披阐，坐列千僧，竞鼓清言，人分异辩，勒成卷帙，通号命家……或传道于东川，或称言于南服。其中高第，无越魏都。"按：赤髭论主，指后秦姚兴时诵出《四分律》的罽宾高僧佛陀耶舍；法聪、道覆，北魏孝文帝时平城律匠；跋陀，天竺僧人，初在平城别设禅林，凿石为龛，后至洛阳，立少林寺；慧光，跋陀之徒。如此说来，《四分律》翻译于后秦长安，始兴于北魏平城，光大于北齐，普行于唐代。平城佛教在

典藏
云冈

交龙　第 1 窟窟门顶部

第 1 窟内景

第 2 窟内景

第 3 窟内景

右胁侍菩萨　第 3 窟后室北壁

（右胁侍菩萨特写）

二佛与护法力士 第5窟窟门西、东壁

树下二佛　第 5 窟窟门东壁

主尊佛像　第 5 窟北壁

主尊佛像眼部特写　第 5 窟北壁

第 5 窟西南隅

第 5 窟南壁

| 供养菩萨　第 5 窟南壁

佛像　第 5-12 窟北壁

第 6 窟内景

伎乐飞天 第 6 窟中心塔柱南面下层龛楣

第６窟中心塔柱南面上层

　金翅鸟　第6窟中心塔柱南面下层楣底

供养菩萨　第6窟中心塔柱西面下层

供养天众　第 6 窟中心塔柱西面下层

交脚菩萨　第6窟中心塔柱东面下层

胡供养天头部特写　第 6 窟中心塔柱东面下层

　飞天　第6窟中心塔柱南面下层（上图）　｜　飞天　第6窟中心塔柱西面下层（下图）

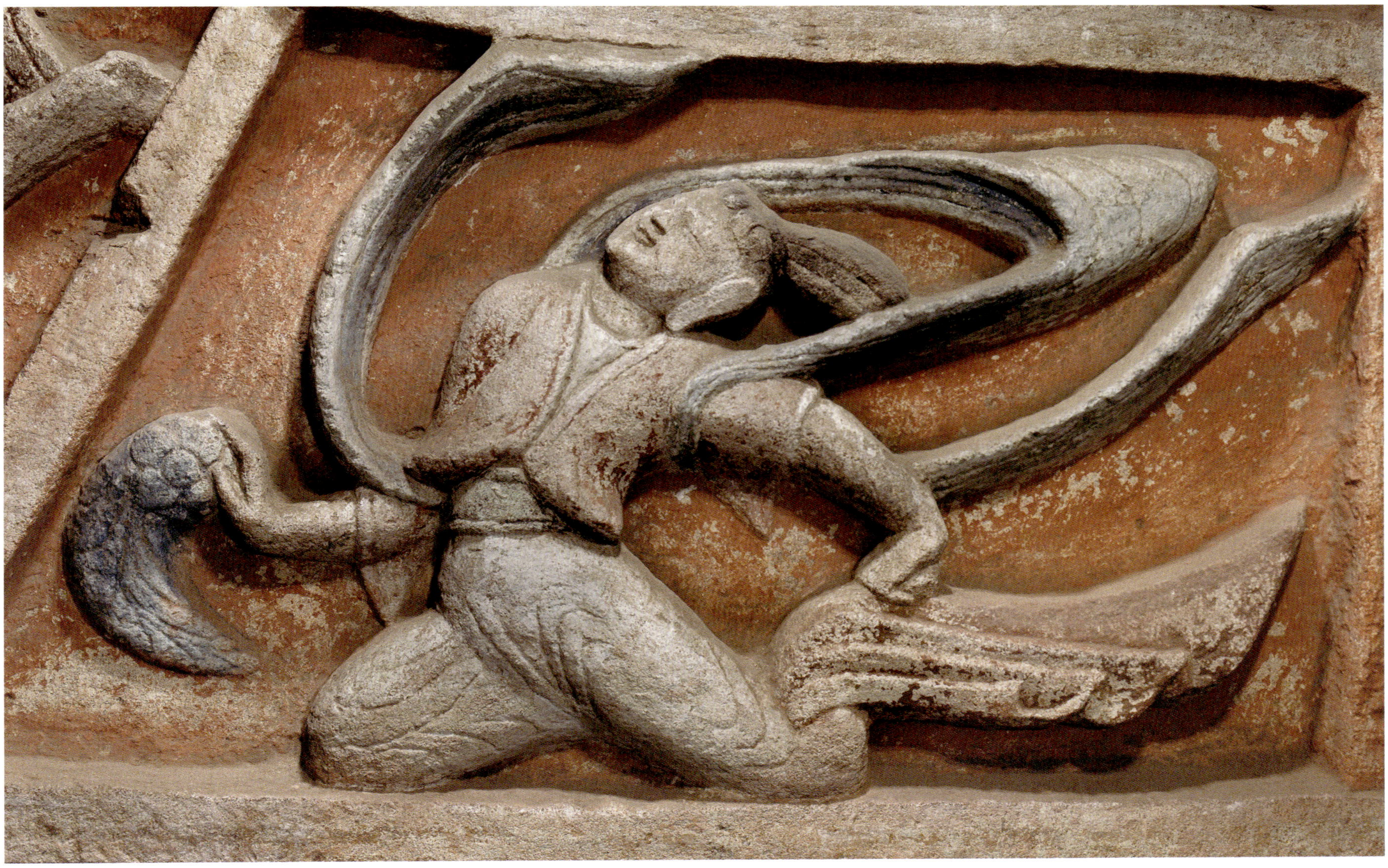

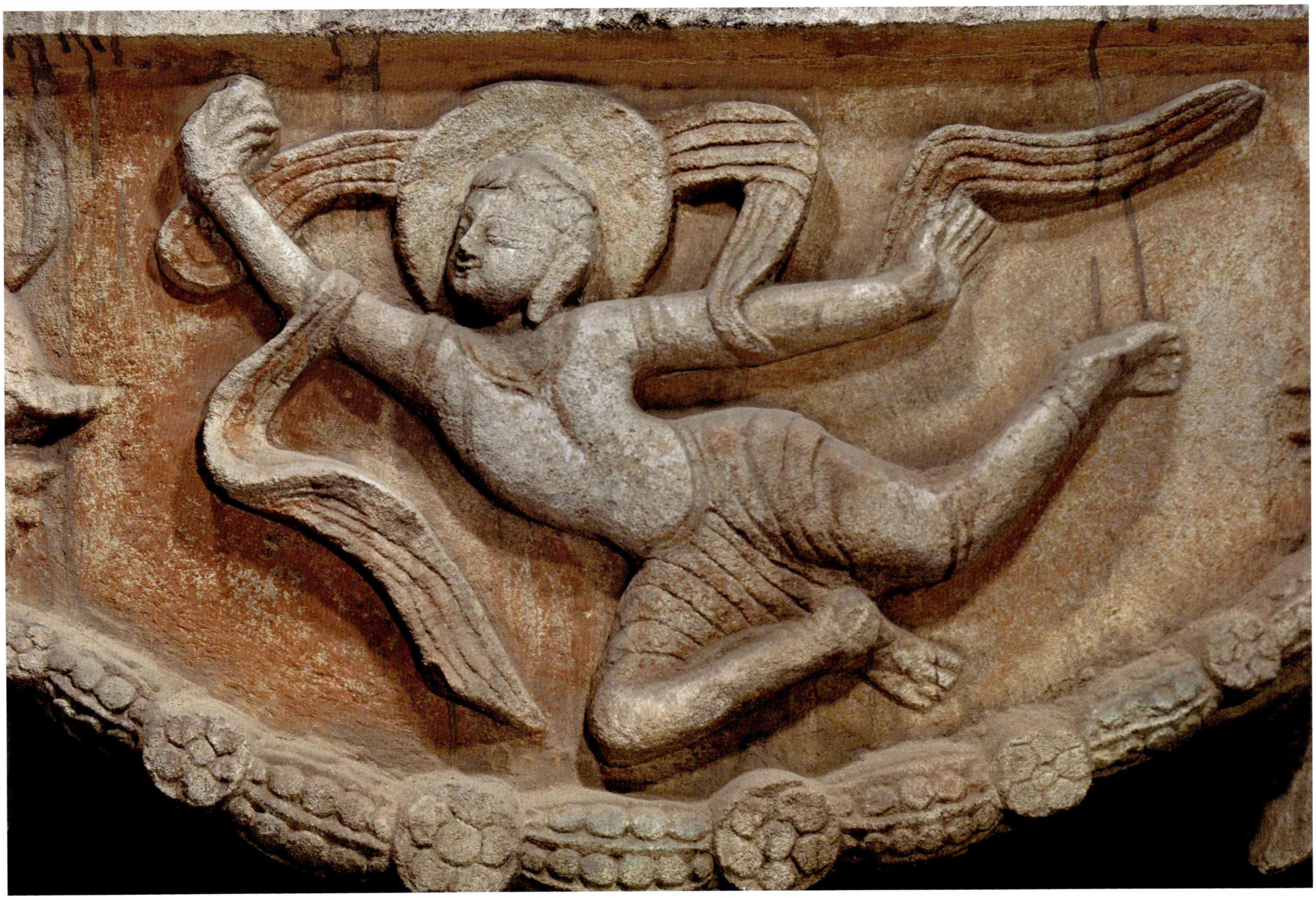

飞天 第6窟中心塔柱南面下层（上图） | 飞天 第6窟中心塔柱东面（下图） |

　　左胁侍菩萨　第6窟中心塔柱南面上层　　　右胁侍菩萨　第6窟中心塔柱南面上层

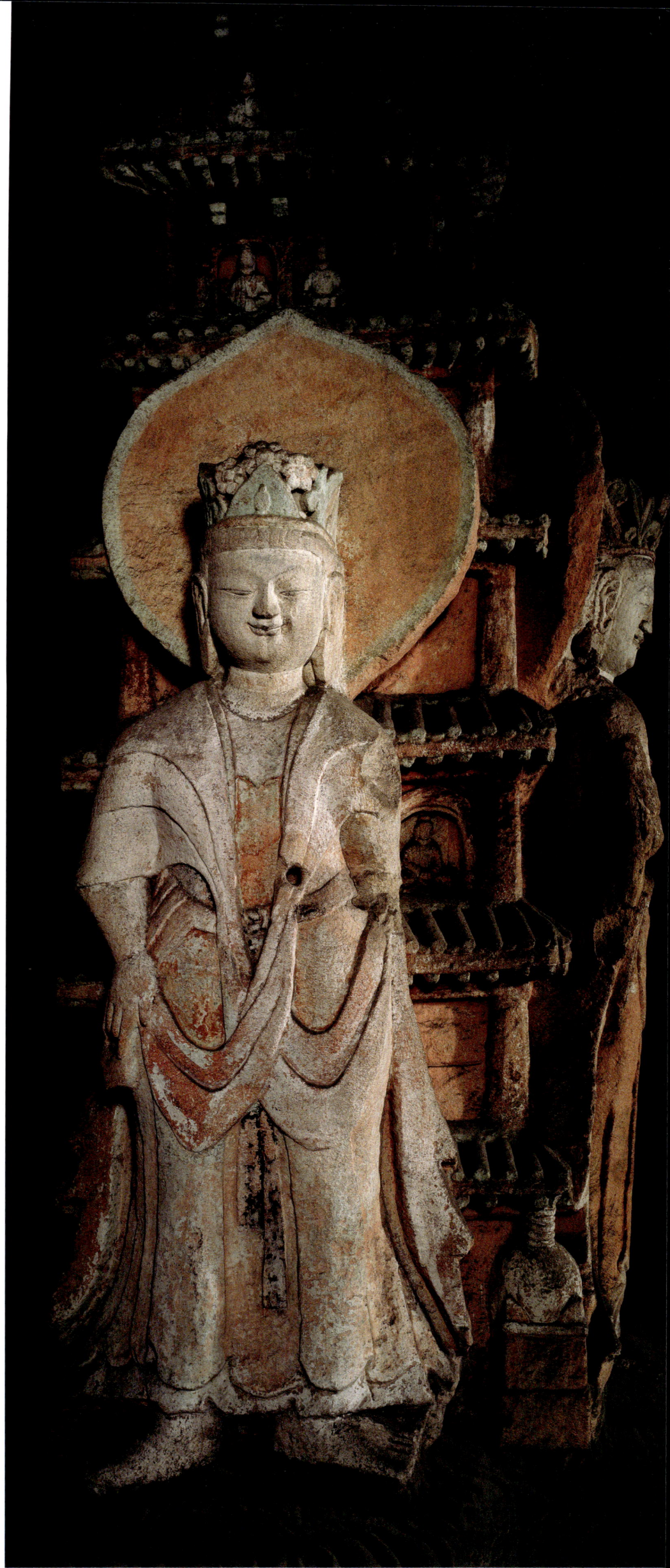

左胁侍菩萨　第6窟中心塔柱西面上层　｜　右胁侍菩萨　第6窟中心塔柱西面上层　｜

| 左胁侍菩萨　第 6 窟中心塔柱北面上层 | 右胁侍菩萨　第 6 窟中心塔柱北面上层

左胁侍菩萨　第6窟中心塔柱东面上层　｜　右胁侍菩萨　第6窟中心塔柱东面上层　｜

右胁侍菩萨特写　第 6 窟中心塔柱北面上层

第 6 窟北半部

第 6 窟西壁南半部

交脚菩萨　第6窟西壁南龛　│　063

降魔成道佛传故事 　第6窟西壁中龛

佛像　第6窟西壁上层

佛像　第6窟西壁上层中龛

供养天众　第6窟西壁上层中龛与北龛之间

第 6 窟东壁南半部上层

鹿野苑初转法轮佛传故事　第6窟东壁中层南龛

右胁侍菩萨　第 6 窟东壁上层中龛

维摩诘 第6窟南壁

供养菩萨　第 6 龛南壁东龛右侧

右胁侍菩萨　第6窟南壁上层西龛 | *089*

树神现身佛传故事　第 6 窟中心塔柱南面下层左侧

阿私陀占相佛传传故事　第 6 窟中心塔柱北面下层左侧

窟中乘象佛传故事　第6窟中心塔柱北面下层右侧

太子出四门佛传故事 第 6 窟东壁下层

出南门遇病人佛传故事　第6窟东壁

山中思惟佛传故事　第 6 窟明窗东壁

白马吻足佛传故事　第6窟明窗西壁

方形重层塔柱　第 7 窟窟门西侧

飞天　第 7 窟后室北壁上层龛帷幔

重层塔柱　第 7 窟后室西壁下层

小比丘　第 7 窟后室东壁中层南龛

第 7 窟后室南壁

供养天——"云冈六美人" 第7窟后室南壁窟门与明窗之间

伎乐天　第 7 窟后室南壁窟门西上隅

龙首返顾　第 7 窟后室南壁明窗东侧

坐禅比丘　第 7 窟后室南壁明窗东壁

盎形龛交脚菩萨　第 7 窟后室南壁上层东龛

平棊藻井　第 7 窟后室窟顶

鸠摩罗天　第8窟窟门西壁

忍冬莲花架　第 8 窟后室窟门西侧

俗众　第 8 窟后室窟门西侧 ｜

伎乐天　第 8 窟后室南壁窟门东半

伎乐天　第 8 窟后室南壁窟门西半

供养天　第 8 窟后室南壁窟门与明窗之间

供养天　第 8 窟后室南壁窟门与明窗之间

露齿菩萨　第 8 窟后室南壁明窗西侧

（露齿菩萨特写）

右胁侍菩萨　第 8 窟后室南壁上层

交脚菩萨　第8窟后室南壁

平棋藻井 第6窟后室窟顶

廊柱　第 9 窟前室南壁窟口

第 9 窟前室西半部

第 9 窟前室内景

第 9 窟前室北壁

盖形龛交脚菩萨　第9窟前室北壁下层西龛

重層塔柱　第り窟前室北壁明窗東側

并列圆拱龛坐佛　第9窟前室西壁下层

第 9 窟后室南壁

托摩尼宝珠飞天　第9窟窟门顶部

鬼子母失子因缘故事图局部　第 9 窟后室南壁下层西龛

明窗　第 10 窟前室北壁明窗周围

托莲飞天　第40窟明窗顶部

倚坐佛像　第10窟前室北壁下层西龛

飞天 第 10 窟前室窟顶西端

金刚力士 第10窟后室南壁窟门东、西壁

第 10 窟后室南壁

因缘故事　第 10 窟后室南壁西半部

第 11 窟明窗东壁

背光上半部　第 11 窟中心塔柱南面下层

盝形龛交脚菩萨　第 11 窟西壁下层

右胁侍菩萨 第 11 窟西壁下层

第 11 窟西壁

| 涅槃　第 11 窟西壁南侧龛基（上图）　|　供养众　第 11 窟西壁南侧龛基（下图）

太和七年造像龕　第廿窟末型上层

太和七年歲在癸亥九月廿日邑義

邑師法□

邑師曇□

邑師道明

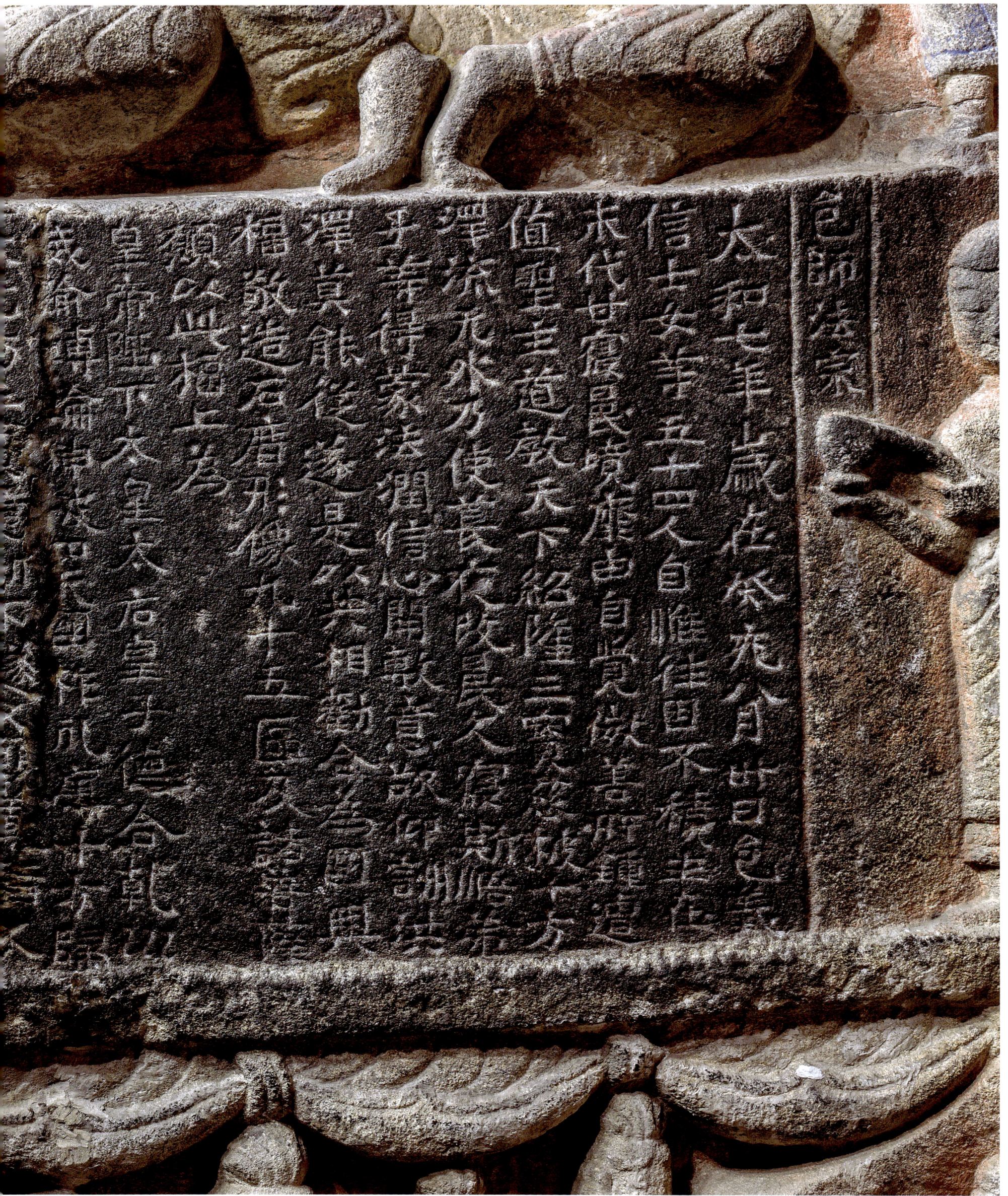

邑師法家

太和七年歲在癸亥八月廿日邑義
信士女帝五十四人自唯佳因不積生遭
末代生寢民境作由自覺欲善所鍾遇
值聖主啓天下紹隆三寶人敬王方
湻旅无水乃使長文寢人斯湣尭
于苹侍家法潤信心開敬意故仰
湻真能從遂是於共相勸合
楄敬造石盾形像九十五區人
顏公此柤上爲
皇帝陛下大皇太石皇子合乾山
袁倫東倫神及兄國作成年下皃人

盖形龛交脚菩萨　第 11-16 窟东壁

第 12 窟前室内景

商主奉食佛传故事　第 12 窟后室南壁下层东龛

交脚菩萨　第 13 窟北壁

盏形龛交脚菩萨　第 13 窟东壁

佛光普照

七佛　第 13 窟南壁中央屋形龕

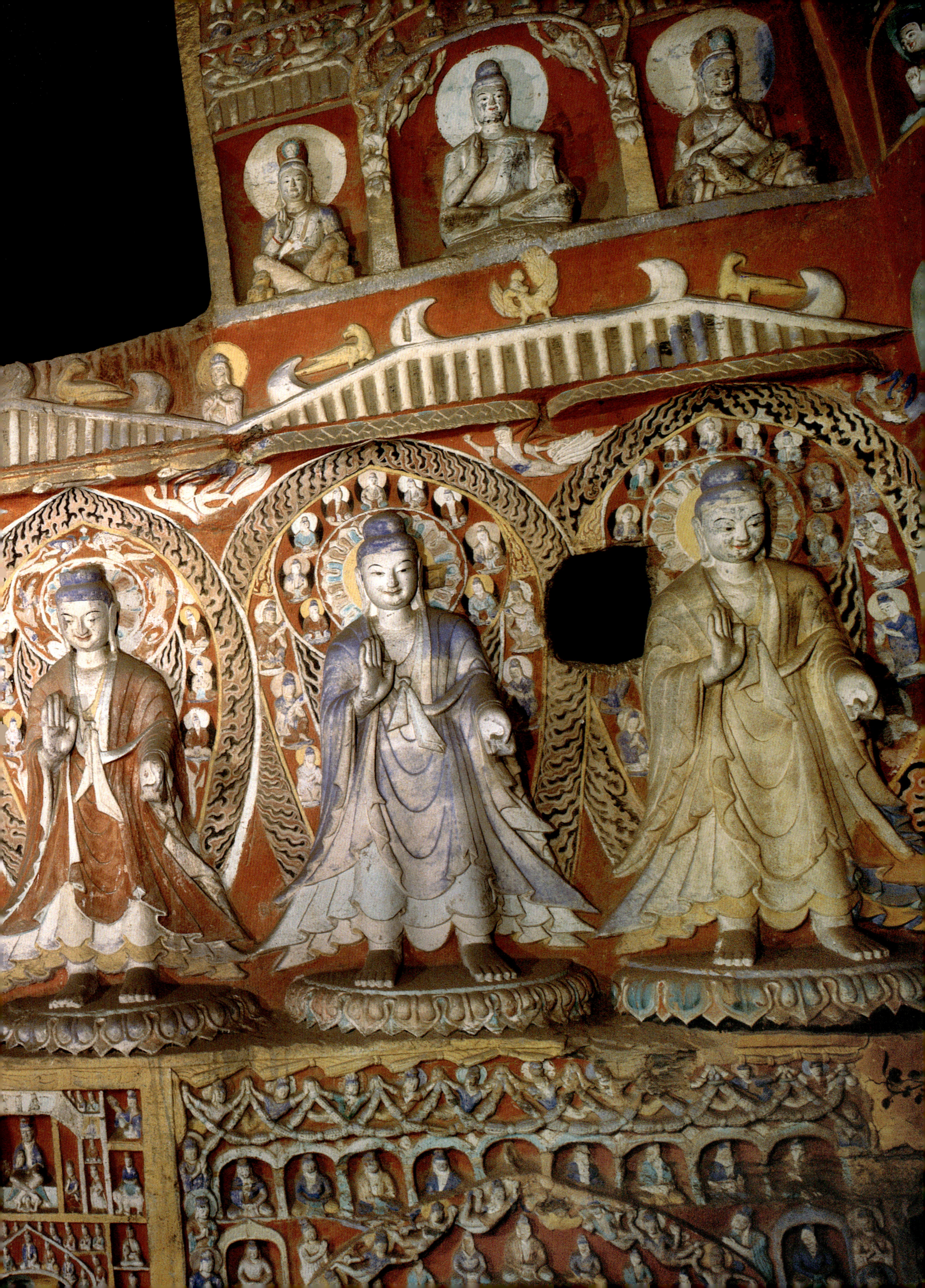

廊柱　第 14 窟

菩萨 第 14 窟西壁

千佛壁　第15窟东、南壁

交脚菩萨 第 46 十窟北壁

商主奉食　第 16-1 窟西壁

佛像　第 16 窟北壁

佛像手部　第 16 窟北壁

圆拱龛二佛并坐　第 16 窟东壁

盝形龛交脚菩萨　第16窟南壁中段

第 16 窟南壁中央龛

第 17 窟窟门东壁

圆拱龛二佛并坐　第 17 窟明窗东壁太和十三年龛

第 17 窟仰视

佛像 第 18 窟北壁

第 18 窟内景

佛像手印　第 18 窟北壁

提净瓶弟子　第 18 窟东壁上层

弟子头像　第 18 窟北壁上层 | *285*

执莲弟子　第18窟东壁上层

第 18 窟南壁

第 18 窟明窗与西壁

阿输迦施土因缘故事　第 18 窟南壁西侧

供养天　第 18 窟南壁东侧上层

佛像　第 19 窟北壁

右胁侍菩萨　第 19-1 窟右壁

露天大佛 第 20 窟外景

（露天大佛特写）

供养天　第20窟主尊佛像背光左侧

第20窟主尊佛佛背光右侧影像

飞天与供养天　第 20 窟主尊佛像背光左侧

胁侍菩萨　第 27 窟东壁上层两龛之间

团莲　第 33-3 窟窟顶

菩萨与弟子　第 33 窟北壁右侧

乘象投胎佛传故事

菩萨　第 37 窟南壁

雕鹫怖阿难入定因缘故事　第 38 窟南壁东侧

第 39 窟中心塔柱

图书在版编目（CIP）数据

典藏云冈 / 张焯主编 . — 青岛：青岛出版社 , 2018.12
ISBN 978-7-5552-7757-6

Ⅰ. ①典⋯　Ⅱ. ①张⋯　Ⅲ. ①云冈石窟－佛像－图集　Ⅳ. ① K879.222

中国版本图书馆 CIP 数据核字（2018）第 272276 号

书　　　名	DIANCANG YUNGANG 典藏云冈
主　　　编	张　焯
副 主 编	赵昆雨
出版发行	青岛出版社（青岛市崂山区海尔路182号，266061）
本社网址	http://www.qdpub.com
邮购电话	0532-68068091
策划编辑	申　尧（shenyao@126.com）
责任编辑	申　尧　张凯歌
特邀编辑	赵昆雨
装帧设计	乔　峰
照片提供	云冈研究院
印　　　刷	北京雅昌艺术印刷有限公司
出版日期	2023年8月第2版　　2023年8月第2次印刷
开　　　本	8开（889mm×1194mm）
字　　　数	26千
图　　　数	336幅
印　　　张	46
书　　　号	ISBN 978-7-5552-7757-6
定　　　价	880.00元

编校印装质量、盗版监督服务电话 4006532017 0532-68068050